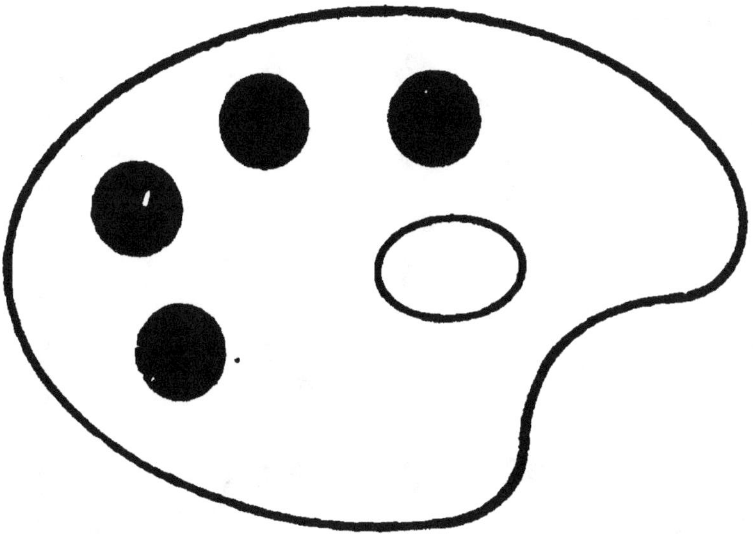

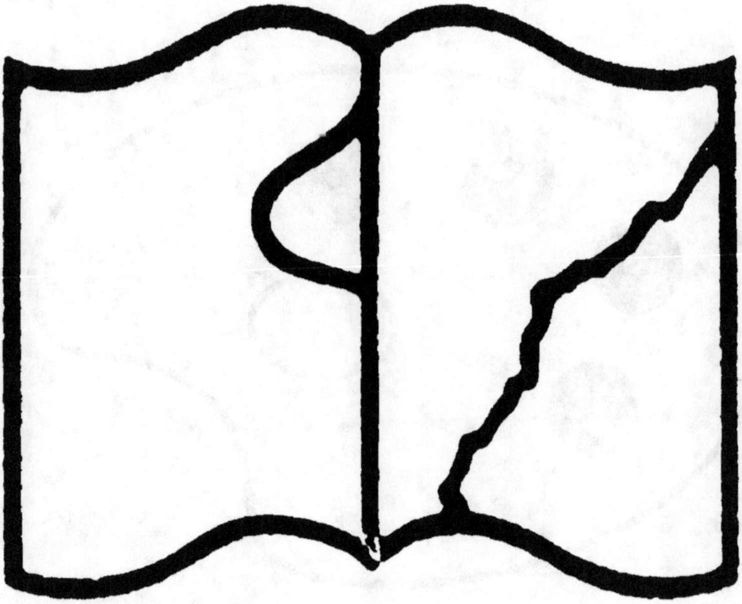

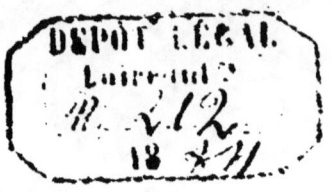

PRIX : UN FRANC

CHANTS POPULAIRES

DE LA HAUTE-BRETAGNE

RECUEILLIS PAR UN GUÉRANDAIS DE 1809

HABITANT SAVENAY DEPUIS 50 ANS.

Tous Droits Réservés.

SAVENAY
IMPRIMERIE-LIBRAIRIE J.-J. ALLAIR.
1884

CHANTS POPULAIRES

DE LA HAUTE-BRETAGNE

RECUEILLIS PAR UN GUÉRANDAIS DE 1809

HABITANT SAVENAY DEPUIS 50 ANS.

SAVENAY
IMPRIMERIE-LIBRAIRIE J.-J. ALLAIR.
1884

DÉDICACE

Ce petit recueil est dédié à nos petits enfants

ALBERT et GEORGES.

AVERTISSEMENT

Il y a 25 ans, M. A. Guéraud libraire à Nantes, nous écrivait : « Je m'empresse de vous offrir
» mes biens sincères remerciements et pour votre
» souscription à mes *chants populaires* et pour
» votre aimable proposition.

« Malgré tout mon désir de mettre sous presse
» avant la fin de l'année, je ne le pourrai faire
» qu'en janvier prochain par suite de très nom-
» breuses pièces que je reçois de tous les côtés.

« Envoyez-moi donc, monsieur, tout ce que
» vous pourrez recueillir, mais *écrivez comme on
» prononce*, etc. »

La mort de M. Guéraud a interrompu cette publication à laquelle nous avions participé dans une bien faible mesure, nous lui avions envoyé quelques uns des chants qui font partie de ce recueil ; notre but en le publiant a été de sauver de l'oubli ces conceptions populaires qui, suivant M. Leboeuf, lors de la séance de l'Académie de Nantes (14 novembre 1858) semblent réunir la sensibilité exquise de la poésie germanique, le génie épique des poètes Serviens et la tristesse douce de la poésie écossaise.

On trouvera dans ce petit recueil, quelques uns de ces refrains qui ont égayé notre enfance, et malgré notre âge avancé, il nous semble quand nous les chantons, ressentir la fraîcheur du génie de la vieille Armorique

Savenay, le 25 Octobre 1884.

ÉPIGRAPHE

La poésie populaire et purement naturelle à des naïvetés et grâces par où elle se compare à la principale beauté de la poésie parfaite, selon l'art. — MONTAIGNE.

PREMIÈRE PARTIE

—

RONDES

N° 1

Digue don don don c'sont les gas de Guérande (BIS)
Digue don don don c'sont-ils pas bons garçons (BIS)
Digue don don don ils sont ben vingt ou trente (BIS)
Digue don don don tous les trente en prison (BIS)

A continuer

Le plus jeune des trente
A fait une chanson
Les Dames de la ville
Sont accourues au son

Beau prisonnier des trente
Dis nous donc ta chanson.
Comment vous la dirai-je
Moi qui suis t'en prison
Digue don don don les prisons sont ouvertes (BIS)
Digue don don don les prisonniers s'en vont. (BIS)

N° 1 (bis)

Même ronde sur un autre air

C'sont les gas de Guérande (BIS)
Sont-ils pas bons garçons
Faléridaine faléridon
Sont-ils pas bons garçons
Faléridaine don don
Ils sont ben vingt ou trente, etc.

N° 2

Si j'avais t'une arbalette
L'amour la lan la de rirette
Que f'rais-tu de c'tarbalette
L'amour la lan de rirette
L'amour la lan de rira

Que f'rais-tu de c'tarbalette
L'amour la lan la de rirette
J'en tuerais t'une alouette
L'amour la lan de rirette
L'amour la lan de rira

Que f'rais-tu de c'talouette
L'amour la lan la de rirette
J'en tir'rais une plumette
L'amour la lan de rirette
L'amour la lan de rira

Que f'rais-tu de c'te plumette
L'amour la lan la de rirette
J'en écrirais t'une lettre
L'amour la lan de rirette
L'amour la lan de rira

A ma tendre et jolie maîtresse
L'amour la lan de rirette
L'amour la lan de rira

N° 3

Passant par Paris
Vidant ma bouteille (bis)
J'ai rencontré ma mie
Assis'sur l'herbette
Le printemps m'endort
L'amour me réveille

J'ai rencontré ma mie
Assis'sur l'herbette (bis)
J'ai trouvé rival
Assis auprès d'elle
Le printemps m'endort
L'amour me réveille

J'ai trouvé rival
Assis auprès d'elle (bis)
Sitôt qu'il me vit
Il s'est éloigné d'elle
Le printemps m'endort
L'amour me réveille

Sitôt qu'il me vit
Il s'est éloigné d'elle (bis

Reste mon rival
Reste auprès d'elle
Le printemps m'endort
L'amour me réveille

Reste mon rival
Reste auprès d'elle (BIS)
Tu n'auras jamais
Ce que j'ai eu d'elle
Le printemps m'endort
L'amour me réveille

Tu n'auras jamais
Ce que j'ai eu d'elle (BIS)
J'ai eu de son cœur
La fleur la plus belle
Le printemps m'endort
L'amour me réveille

J'ai eu de son cœur
La fleur la plus belle (BIS)
J'ai eu trois beaux fils
Tous les trois capitaines
Le printemps m'endort
L'amour me réveille

J'ai eu trois beaux fils
Tous les trois capitaines (BIS)
L'un est à Rouen
L'autre à la Rochelle
Le printemps m'endort
L'amour me réveille

L'un est à Rouen
L'autre à la Rochelle (BIS)
Le troisième à Paris
A courtiser les belles
Le printemps m'endort
L'amour me réveille

N° 4

Oh dis mon Pierre veux-tu t'y rendre (BIS)
J'irons nous battre sur le pont (BIS)

Le premier coup que Pierre y frappe (BIS)
Son chapiau chéit sous le pont (BIS)

Excusez maie mon capitaine (BIS)
Que mon chapiau m'y sait rendu (BIS)

A mon chapiau y a-t'une aguille (BIS)
Qui est de fil d'argent battu
Le nom de ma mie est dessus

Ta mie est-elle demoiselle (BIS)
Pour coudre au l'aguille d'argent (BIS)

Nanin all' n'est pas demoiselle (BIS)
C'est la fille d'un riche marchand

Son père y faisait la dentelle
Et son petit frère les rubans

Et maie je les portai à vendre
Sur le grand chemin de Rouen

Où je ne rencontrais personne
Que le doux rossignol chantant

Qui disait dans son doux langage
Marie-toi fille car il est temps (BIS)

Hélas comment me marierai-je
Mes parents ne sont pas consentent (BIS)

Il n'y a que mon petit frère
Qui a li le cœur bien content (BIS)

N° 5

En m'en revenant
La p'tit la p'tit doux
En m'en revenant
De là où j'étais (TER)

J'avais dans mon sa
La p'tit la p'tit doux
J'avais dans mon sa
Un gateau de bié naie (TER)

Je l'ai tout mangé
La p'tit la p'tit doux
Je l'ai tout mangé
Ma fait tout par maie (TER)

Sans donner à mon chien
La p'tit la p'tit doux
Sans donner à mon chien
Qui venait derrière maie (TER)

J'aperçus t'un loup
La p'tit la p'tit doux
J'aperçus t'un loup
A la sortie d'un bois (TER)

J'appela mon chien
La p'tit la p'tit doux
J'appela mon chien
Mon chien garde maie (TER)

Tu te gard'ras ben
La p'tit la p'tit doux
Tu te gard'ras ben
Ma faic tout pour tai (TER)

Car tu n'as pas voulu
La p'tit la p'tit doux
Car tu n'as pas voulu
M'en donner à maie (TER)

N° 6

Trois garçons de mon village
Sont venus me demander (BIS)
Ma mère qu'était en colère
Les a tous trois renvoyés
Ah revenez, ah revenez
Ma mère a dit que vous m'auriez.

Ma mère qu'était en colère
Les a tous trois renvoyés (BIS)
Moi qu'était encor jeunette
Je me suis mit a pleurer
Ah revenez, ah revenez
Ma mère a dit que vous m'auriez.

Moi qu'était encor jeunette
Je me suis mit a pleurer (BIS)
Va t'en donc petite sotte
Va t'en donc les rappeler

Ah revenez, ah revenez
Ma mère a dit que vous m'auriez

Va t'en donc petite sotte
Va t'en donc les rappeler (BIS)
J'ai monté sur une roche
Et me suis mise à hucher
Ah revenez, ah revenez
Ma mère m'a dit que vous m'auriez

J'ai monté sur une roche
Et me suis mise à hucher (BIS)
Le plus jeune le plus leste
Est accouru le premier
Ah revenez, ah revenez
Ma mère a dit que vous m'auriez

Le plus jeune le plus leste
Est accouru le premier (BIS)
Et c'est celui-là mesdames
Celui-là que j'épouserez
Ah revenez, ah revenez
Ma mère a dit que vous m'auriez.

N° 7.

Mon père m'a mariée
Viv' le rossignol d'été
Mon père m'a mariée
Mal à ma fantaisie.

Il m'a donné t'un vieillard
Viv' le rossignol gaillard
Il m'a donné t'un vieillard
Qui n'a ni sou ni maille

Je m'suis mi-t'a faire mon lit
Viv' le rossignol joli
Je m'suis mi-t'a faire mon lit
Mis devers moi la pieume

Du côté de mon vieillard
Viv' le rossignol gaillard
Du côté de mon vieillard
Mis eune pierre dure

Mon vieillard en s'y couchant
Viv' le rossignol d'au champs
Mon vieillard en s'y couchant
Il s'y cassa la tête

Attrappe, attrappe mon vieillard
Viv' le rossignol gaillard
Attrappe, attrape mon vieillard
Mon vieillard c'sont des preunes

C'sont des preunes de dames
Viv' le rossignol gaillard
C'sont des preunes de dames
Qui n'sont pas cor trop meures

Si n'sont meures y muriront
Viv' le rossignol mignon
Si n'sont meures y muriront
A la Saint-Jean prochaine.

N° 8. —

Nous étions trois matelots de Groix (bis
Embarqués sur le Saint-François
Mon tra de ri tra la la la
Mon tra de ri tra la lire.

Embarqués sur le Saint-François (BIS)
Pour aller de Belle-Ile à Groix
Mon tra de ri tra la la la
Mon tra de ri tra la lire

Pour aller de Belle-Ile à Groix (BIS)
Grand vent de nord vint à venter
Mon tra de ri tra la la la
Mon tra de ri tra la lire

Grand vent du nord vint à venter (BIS)
En haut, en haut bon marinier
Mon tra de ri tra la la la
Mon tra de ri tra la lire

En haut, en haut bon marinier (BIS)
Pour prendr' deux ris dans chaqu' hunier
Mon tra de ri tra la la la
Mon tra de ri tra la lire

Pour prendr' deux ris dans chaqu' hunier (BIS)
Mon matelot mont' le premier
Mon tra de ri tra la la la
Mon tra de ri tra la lire

Mon matelot mont' le premier (BIS)
A l'empointure s'en est allé
Mon tra de ri tra la la la
Mon tra de ri tra la lire

A l'empointure s'en est allé (BIS)
Le marche-pied vint à casser
Mon tra de ri tra la la la
Mon tra de ri tra la lire

Le marchepied vint à casser (BIS)
Mon matelot dans l'eau tombé
Mon tra de ri tra la la la
Mon tra de ri tra la lire

Mon matelot dans l'eau tombé (BIS)
Il faut met'la chaloupe à l'eau
Mon tra de ri tra la la la
Mon tra de ri tra la lire

Il faut met'la chaloupe à l'eau (BIS)
Pour sauver ce bon matelot
Mon tra de ri tra la la la
Mon tra de ri tra la lire

Pour sauver ce bon matelot (BIS)
On n'a trouvé que son chapeau
Mon tra de ri tra la la la
Mon tra de ri tra la lire

On n'a trouvé que son chapeau (BIS)
Son garde-pipe et son couteau
Mon tra de ri tra la la
Mon tra de ri tra la lire

N° 9

Va mon ami va la lune se lève
Va mon ami la lune s'en va

Voici la Toussaint le temps des veillées (BIS)
Où tous les amants vont à la soirée
Va mon ami va la lune se lève
Va mon ami va la lune s'en va

Où tous les amants vont à la soirée (BIS)

Le mien n'y est pas j'en suis assurée
Va mon ami va la lune se lève
Va mon ami va la lune s'en va

Le mien n'y est pas j'm'en suis assurée (BIS)
Il est à Paris ou dans la Vendée
Va mon ami va la lune se lève
Va mon ami va la lune s'en va

Il est à Paris ou dans la Vendée (BIS)
Qu'apportera-t-il à sa bien-aimée
Va mon ami va la lune se lève
Va mon ami va la lune s'en va

Qu'apportera-t-il a sa bien aimée (BIS)
Chapelet d'argent, ceinture dorée
Va mon ami va la lune se lève
Va mon ami va la lune s'en va

Chapelet d'argent, ceinture dorée (BIS)
Chapelet sera pour la fiancée
Va mon ami va la lune se lève
Va mon ami va la lune s'en va

Chapelet sera pour la fiancée (BIS)
Bracelet sera pour la mariée
Va mon ami va la lune se lève
Va mon ami va la lune s'en va.

N° 10

A la claire fontaine
Dondaine madondaine
Les mains me suis lavées
Dondaine la la la la

Les mains me suis lavées
Dondaine ma dondé

A la feuille d'un chêne
Dondaine ma dondaine
Me les suis t'essuyées
Dondaine la la la la
Me les suis t'essuyées
Dondaine ma dondé

A la plus haute branche
Dondaine ma dondaine
Le rossignol chantait
Dondaine la la la la
Le rossignol chantait
Dondaine ma dondé

Chante rossignol chante
Dondaine ma dondaine
Tant que t'a le cœur gai
Dondaine la la la la
Tant que t'a le cœur gai
Dondaine ma dondé

Le mien n'est pas de même
Dondaine ma dondaine
Il est bien affligé
Dondaine la la la la
Il est bien affligé
Dondaine ma dondé

C'est que mon ami Pierre
Dondaine ma dondaine
A la guerre est allé

Dondaine la la la la
A la guerre est allé
Dondaine ma dondé

Pour un boutou de rose
Dondaine ma dondaine
Que je lui refusai
Dondaine la la la la
Que je lui refusai
Dondaine ma dondé

Je voudrais que la rose
Dondaine ma dondaine
Fût encore au rosier
Dondaine la la la la
Fût encore au rosier
Dondaine ma dondé

Et que mon ami Pierre
Dondaine ma dondaine
Fût encore à m'aimer
Don daine la la la la
Fût encore à m'aimer
Dondaine ma dondé

n° 11

Mon père a trois moulins moulins (BIS)
Les trois meuniers s'en sont allés
    Faléridon faléridé
    Faléridon dondaine.

Les trois meuniers s'en sont allés (BIS)
Dans leur chemin ont rencontré

CHANTS POPULAIRES

    Faléridon faléridé
    Faléridon dondaine

Dans leur chemin ont rencontré (BIS)
Une jolie fille tanta leur gré
    Faléridon faléridé
    Faléridon dondaine

Une jolie fille tanta leur gré (BIS)
Le plus jeune ayant demandé
    Faléridon faléridé
    Faléridon dondaine

Le plus jeune ayant demandé (BIS)
Mignonne voulez-vous m'embrasser
    Faléridon faléridé
    Faléridon dondaine

Mignonne voulez-vous m'embrasser (BIS)
Nanin, car mon père lo sarré
    Faléridon faléridé
    Faléridon dondaine

Nanin, car mon père lo sarré (BIS)
Eh là la belle qui li diré
    Faléridon faléridé
    Faléridon dondaine

Eh là la belle qui li diré (BIS)
Les oisillons qui chantent au pré
    Faléridon faléridé
    Faléridon dondaine

Les oisillons qui chantent au pré (BIS)
Les oisillons ne parlent point

Faléridon faléridé
Faléridon faléridaine

Les oisillons ne parlent point (bis)
Sia fait quant ils sont ben appreints
　　Faléridon faléridé
　　Faléridon faléridaine

Sia fait quant ils sont ben appreints (bis)
Ils parlent français et latin
　　Faléridon faléridé
　　Faléridon faléridaine

Ils parlent français et latin (bis)
Que disent-ils dans leur latin
　　Faléridon faléridé
　　Faléridon faléridaine

Que disent-ils dans leur latin (bis)
Bouteille ne vaut rien sans vin
　　Faléridon faléridé
　　Faléridon faléridaine

Bouteille ne vaut rien sans vin (bis)
Comme une fille sans amant
　　Faléridon faléridé
　　Faléridon faléridon dondaine

N° 12

En m'en revenant du Mans
　　Gué gué gué voilà l'galant
J'ai rencontré un Allemand
　　Gué gué gué voilà l'galant
Il a d'la picume à son bonnet
Voilà l'galant qu'a fait d'l'effet

J'ai rencontré un allemand
  Gué gué gué voilà l'galant
Allemand bel allemand
  Gué gué gué voilà l'galant
Il a d'là pleume à son bonnet
Voilà l'galant qu'a fait d'l'effet

Allemand bel Allemand
  Gué gué gué voilà l'galant
Voudrais-tu me servir un an
  Gué gué gué voilà l'galant
Il a d'là pleume à son bonnet
Voilà l' galant qu'a fait d'l'effet

Voudrais-tu me servir un an
  Gué gué gué voilà l'galant
Je te donn'rai cinquante francs
  Gué gué gué voilà l'galant
Il a d'la pleume à son bonnet
Voilà l'galant qu'a fait d'l'effet

Je te donn'rai cinquante francs
  Gué gué gué voilà l'galant
Et une épingle en diamant
  Gué gué gué voilà l'galant
Il a d'la pleume à son bonnet
Voilà l'galant qu'a fait d'l'effet

Et une épingle en diamant
  Gué gué gué voilà l'galant
Que tu porteras trois fois l'an
  Gué gué gué voilà l'galant
Il a d'la pleume à son bonnet
Voilà l'galant qu'a fait d'l'effet

Que tu porteras trois fois l'an
 Gué gué gué voilà l'galant
A Noël, à Pâques, à la Saint-Jean
 Gué gué gué voilà l'galant
Il a d'la pieume à son bonnet
Voilà l'galant qu'a fait d' l'effet

N° 13

Mon père a fait bâtir maison
Sur le vert joli vert
Par quatre-vingts jolis maçons
Sur le vert tintaine sur le vert tinton
Sur le vert joli vert
Sur le joli printemps vert

Par quatre-vingts jolis maçons
Sur le vert joli vert
Le plus jeune de ces maçons
Sur le vert tintaine, sur le vert tinton
Sur le vert joli vert
Sur le joli printemps vert

Le plus jeune de ces maçons
Sur le vert joli vert
Demande pour qui la maison
Sur le vert tintaine sur le vert tinton
Sur le vert joli vert
Sur le joli printemps vert

Demande pour qui la maison
Sur le vert joli vert
C'est pour ma fille Jeanneton
Sur le vert tintaine sur le vert tinton
Sur le vert joli vert

Sur le joli printemps vert

C'est pour ma fille Jeanneton
Sur le vert Joli vert
Ma fille promettez-moi donc
Sur le vert tintaine sur le vert tinton
Sur le vert joli vert
Sur le joli printemps vert

Ma fille promettez-moi donc
Sur le vert joli vert
Que jamais vous n'aim'rez garçon
Sur le vert tintaine sur le vert tinton
Sur le vert joli vert
Sur le joli printemps vert

Que jamais vous n'aim'rez garçon
Sur le vert joli vert
J'aimerais mieux que la maison
Sur le vert tintaine sur le vert tinton
Sur le vert joli vert
Sur le joli printemps vert

J'aimerais mieux que la maison
Sur le vert joli vert
Tomb'rait en cendre et en charbon
Sur le vert tintaine sur le vert tinton
Sur le vert joli vert
Sur le joli printemps vert

Tomb'rait en cendre et en charbon
Sur le vert joli vert
Dans la mer avec les poissons
Sur le vert tintaine sur le vert tinton

Sur le vert joli vert
Sur le joli printemps vert

N° 13 bis

Mon père a fait bâtir maison
Ah ah ah p'tit bonnet tout rond
Par quatre-vingts jolis maçons
P'tit bonnet grand bonnet
Eh eh eh eh eh eh eh eh
Ah ah ah p'tit bonnet grand bonnet
Ah ah ah p'tit bonnet tout rond.

N° 13 ter

Mon père a fait bâtir maison
Promenez-vous belles sur le gazon
Par quatre-vingts jolis maçons
Promenez-vous belles
Promenez-vous donc
Promenez-vous belles sur le gazon
Promenez-vous belles promenez-vous donc
Promenez-vous belles sur le gazon.

D'autres airs sur les mêmes paroles existent, nous nous bornons à ces trois numéros.

N° 14

L'autre jour me print envie
D'aller ver mon Isabiau (BIS)
Je prins ma cheminze bianche
Et tout mon plus biau chapiau
Que l'zamouroux ont de peine
Que l'zamouroux ont de miaux

Je prins ma cheminze bianche

Et tout mon plus biau chapiau (BIS)
Jo boutis dans ma pochette
Cinq dozaines de pruniaux
Que l'zamouroux ont de peine
Que l'zamouroux ont de miaux

Je boutis dans ma pochette
Cinq dozaines de pruniaux (BIS)
J'men fut frapper à la porte
A la porte d'Isabiau
Que l'zamouroux ont de peine
Que l'zamouroux ont de miaux

J'men fut frapper à la porte
A la porte d'Isabiau (BIS)
Ouvrez, ouvrez va li dis-je
J'sait un gas comme i faut
Que l'zamouroux ont de peine
Que l'zamouroux ont de miaux.

Ouvrez ouvrez va li dis-je
J'sait un gas comme i faut (BIS)
En entrant dans sa chambrette
Je chéis et fis un scaut
Que l'zamouroux ont de peine
Que l'zamouroux ont de miaux

En entrant dans sa chambrette
Je chéis et fis un scaut (BIS)
J'abimis ma chemisette
J'écrasis tous mes pruniaux
Que l'zamouroux ont de peine
Que l'zamouroux ont de miaux

J'abimis ma chemisette
J'écrasis tous mes pruniaux (bis)
Isabeau se mint à riro
Et m'appelit grand nigiau
Que l'zamouroux ont de peine
Que l'zamouroux ont de miaux

N° 15

Ce sont les filles de Saint-Etienne
Léridon léri don don
On dit qu'elles sont sirurgiennes
Léridon léridondaine
Léridon léri don don

On dit qu'elles sont sirurgiennes
Léridon léri don don
Elles guérissent de la courte haleine
Léridon léridondaine
Léridon léri don don

Elles guérissent de la courte haleine
Léridon léri don don
Elles en ont guéri trois moines
Léridon léridondaine
Léridon léri don don

Elles en ont guéri trois moines
Léridon léri don don
Qu'ont-elles donc eu pour leur peine
Léridon léridondaine
Léridon léri don don

Qu'ont-elles donc eu pour leur peine
Léridon léri don don

Un bouquet de marjolaine
Léridon léridondaine
Léridon léri don don

Un bouquet de marjolaine
Léridon léri don don
Et un tablier d'indienne
Léridon léridondaine
Léridon léri don don

N° 16

Il nous est arrivé é
Un moine bien crotté é
Il était si crotté é
Qu'il ne pouvait marché é
Il secouait secouait
Sa robe sa robe
Il secouait secouait
Sa robe tant qu'il pouvait

Ou le coucherons-nous, ou
La haut dans le grenier é
Le moine s'est écrié é
Les rats vont me mangé é
Il secouait secouait
Sa robe sa robe
Il secouait secouait
Sa robe tant qu'il pouvait

Ou le coucherons-nous, ou
Sur la pierre du foyer é
Le moine s'est écrié é
Le feu va me brûler é
Il secouait secouait

Sa robe sa robe
Il secouait secouait
Sa robe tant qu'il pouvait

Ou le coucherons-nous, ou
Dans le grand lit carré é
Le moine s'est écrié é
Je veux bien me coucher é
Il secouait secouait
Sa robe sa robe
Il secouait secouait
Sa robe tant qu'il pouvait

N° 17.

C'était compère lapon
   Matanturluron
Qu'aimait ben sa nannon
   Perette
Matanturluronlurette
   Matanturluron

Qu'aimait ben sa nannon
   Matanturluron
La mena au vallon
   Perette
Matanturluronlurette
   Matanturluron

La mena au vallon
   Matanturluron
Et la mit sur le jonc
   Perette
Matanturluronlurette
   Matanturluron

Et la mit sur le jouc
Matanturluron
Finissez donc lapon
Perette
Matanturluronlurette
Matanturluron

Finissez donc lapon
Matanturluron
Les voisins nous verront
Perette
Matanturluronlurette
Matanturluron

Les voisins nous verront
Matanturluron
A ma mère le diront
Perette
Matanturluronlurette
Matanturluron

Et j'aurai du baton
Matanturluron
Pour l'amour de lapon
Perette
Matanturluronlurette
Matanturluron

N° 18

Chez mon père j'étions trois filles (BIS)
Toutes belles se dit-on
Alizon belle Alizon

I en a eune qu'à nom Jeanne (BIS)

L'autre s'appelle Louison
Alizon belle Alizon

L'autre s'appelle Fleur d'Orange (BIS)
Mais la plus belle est dit-on
Alizon belle Alizon

Oh ! ma sœur qu'vous êtes belle (BIS)
Les soldats vous enlèveront
Alizon belle Alizon

El' n'a pas fini la parole (BIS)
Montez belle sur grison
Alizon belle Alizon

Sur ma grande haquenée grise (BIS)
Qui m'a coûté mi-li-on
Alizon belle Alizon.

N° 19

J'ons vu la leune morte
  Mon gas
J'ons vu la leune morte
Et le souleil
  Lirelanla
Et le souleil c' ceuté

Quatre-vingts gentils hommes
  Mon gas
Quatre-vingts gentils hommes
Qui s'entr'esont -
  Lirelanla
Qui s'entr'esont teués

CHANTS POPULAIRES

Si né moine des carmes
> Mon gas

Si né moine des carmes
Qui les a ben
> Lirelanla

Qui les a ben vengés

Il en a tené quinze
> Mon gas

Il en a tené quinze
Sans jamais les
> Lire lan la

Sans jamais les manquer

Mais aussi au seizième
> Mon gas

Mais aussi au seizième
Son épée à
> Lire lan la

Son épée a fringé

Va t'en dire à ma femme
> Mon gas

Va t'en dire à ma femme
Que je sé la
> Lire lan la

Que je sé décédé

N° 20

Ce sont les filles de la Chapelle (BIS)
Alle'nt s'y peign'nt à la chandelle
La fleur du genêt s'envole
> Vole vole

Du genêt la fleur s'envole

Allé'nt s'y peign'nt à la chandelle (bis)
Une d'elle laissa tomber son peigne
La fleur du genêt s'envole
  Vole vole
Du genêt la fleur s'envole

Une d'elle laissa tomber son peigne (bis)
Et son amant le lui serre
La fleur du genêt s'envole
  Vole vole
Du genêt la fleur s'envole

Et son amant le lui serre (bis)
Galant pourquoi serrez-vous mon peigne
La fleur du genêt s'envole
  Vole vole
Du genêt la fleur s'envole

Galant pourquoi serrez-vous mon peigne (bis)
C'est pas que vous êtes belle
La fleur du genêt s'envole
  Vole vole
Du genêt la fleur s'envole

C'est pas que vous êtes belle (bis)
La beauté à quoi sert-elle
La fleur du genêt s'envole
  Vole vole
Du genêt la fleur s'envole.

La beauté à quoi sert-elle (bis)
Elle sert à pourrir en terre
La fleur du genêt s'envole

Vole vole
Du genet la fleur s'envole

Elle sert à pourrir en terre (BIS)
A nourrir tous les vers de terre
La fleur du genet s'envole
Vole vole
Du genet la fleur s'envole.

N° 21

Beau rossignolet du bois } bis
Oh gué la lira
Dis-moi va ta pensée
Lanlire
Dis-moi va ta pensée
Lanla

Ne fait-il pas beau zaimer } bis
Oh gué la lira
Fillette à marier
Lanlire
Fillette à marier
Lanla

J'en ai gardé une sept ans } bis
Oh gué la lira
Dans ma chambre enfermée
Lanlire
Dans ma chambre enfermée
Lanla

Au bout de sept ans passés } bis
Oh gué la lira
All me fut enlevée

   Lanlire
 All me fut enlevée
   Lanla

 Ah si je savais le jour   } bis
   Oh gué la lira
 Qu'all s'rait la mariée
   Lanlire
 Qu'all s'rait la mariée
   Lanla

 Je tuerais le marié   } bis
   Oh gué la lira
 Prendrais sa mariée
   Lanlire
 Prendrais sa mariée
   Lanla

N° 22

Le roi d'Espagne a t'ordonné (BIS)
Que toutes les filles à marier
Liron bonbon, bonbirolé
Laissons là les moines chanter
 Bonbirolé bon bon

Que toutes les filles à marier (BIS)
Auraient tous les cheveux dorés
Liron bonbon, bonbirolé
Laissons là les moines chanter
 Bonbirolé bon bon

Auraient tous les cheveux dorés (BIS)
Une belle s'en va chez un doreur
Liron bonbon, bonbirolé

Laissons là les moines chanter
    Bonbirolé bon bon

Une belle s'en va chez un doreur (BIS)
Doreur dorez moi donc mon front
Liron bonbon, bonbirolé
Laissons là les moines chanter
    Bonbirolé bon bon

Doreur dorez moi donc mon front (BIS)
Entrez m'amselle nous vous l'dor'rons
Liron bonbon, bonbirolé
Laissons là les moines chanter
    Bonbirolé bon bon

Entrez m'amselle nous vous l'dor'rons (BIS)
A chaque cheveux nous y mettrons
Liron bonbon, bonbirolé
Laissons là les moines chanter
    Bonbirolé bon bon

A chaque cheveux nous y mettrons (BIS)
Une clochette et un bourdon
Liron bonbon, bonbirolé
Laissons là les moines chanter
    Bonbirolé bon bon

Une clochette et un bourdon (BIS)
Quand la belle s'en fut au sermon
Liron bonbon, bonbirolé
Laissons là les moines chanter
    Bonbirolé bon bon

Quand la belle s'en fut au sermon (BIS)

Ses ch'veux son front font carillon
Liron bonbon, bonbirolé
Laissons là les moines chanter
    Bonbirolé bon bon

Ses ch'veux son front font carillon (BIS)
Que diable est donc ce carillon
Liron bonbon, bonbirolé
Laissons là les moines chanter
    Bonbirolé bon bon

Que diable est donc ce carillon (BIS)
C'nest point un diable c'est mon front
Liron bonbon, bonbirolé
Laissons là les moines chanter
    Bonbirolé bon bon

C'nest point un diable c'est mon front (BIS)
Qui vous demand' l'absolution
Liron bonbon, bonbirolé
Laissons là les moines chanter
    Bonbirolé bon bon.

N° 23

Je l'ai vu voler le ruban le ruban
    Je l'ai vu voler
    Le ruban oranger

Mon père et ma mère de Lyon ils sont (BIS)
Ils sont en promesse s'ils me marieront
    Je l'ai vu voler le ruban le ruban
    Je l'ai vu voler
    Le ruban oranger

Ils sont en promesse s'ils me marieront (BIS)
Mais s'ils me marient ils s'en répentiront
   Je l'ai vu voler le ruban le ruban
      Je l'ai vu voler
      Le ruban oranger

Mais s'ils me marient ils s'en répentiront (BIS)
Je vendrai mes terres sillons à sillons
   Je l'ai vu voler le ruban le ruban
      Je l'ai vu voler
      Le ruban oranger

Je vendrai mes terres sillons à sillons (BIS)
Sur le dernier sillon je f'rai bâtir maison
   Je l'ai vu voler le ruban le ruban
      Je l'ai vu voler
      Le ruban oranger

Sur le dernier sillon je f'rai bâtir maison (BIS)
Si le roi y passe nous le logerons
   Je l'ai vu voler le ruban le ruban
      Je l'ai vu voler
      Le ruban oranger

Si le roi y passe nous le logerons (BIS)
S'il demande fille nous la lui baill'rons
   Je l'ai vu voler le ruban le ruban
      Je l'ai vu voler
      Le ruban oranger

S'il demande fille nous la lui baill'rons (BIS)
Belle comme un jour et droite comme un jonc
   Je l'ai vu voler le ruban le ruban

Je l'ai vu voler
Le ruban oranger

N° 24

Quand j'étais chez mon père
P'tit garçon pastouriau (BIS)
Il m'enveillait ès landes
Pour garder les igniaux
Hioup hioup Jean de linière
Vous ne m'entendez guère
Hioup hioup Jean de linière
Vous ne m'entendez pas

Il m'enveillait ès landes
Pour garder les igniaux (BIS)
Le loup il est venu
Qu'a mangé le plus biau
Hioup hioup Jean de linière
Vous ne m'entendez guère
Hioup hioup Jean de linière
Vous ne m'entendez pas

Le loup il est venu
Qu'a mangé le plus biau (BIS)
Si n'fut pas si goulu
Il m'eut laissé la piau
Hioup hioup Jean de linière
Vous ne m'entendez guère
Hioup hioup Jean de linière
Vous ne m'entendez pas

Si n'fut pas si goulu
Il m'eut laissé la piau (BIS)
Pour faire un' carmagnole

Pour me garder de l'iau
Hioup hioup Jean de linière
Vous ne m'entendez guère
Hioup hioup Jean de linière
Vous ne m'entendez pas

Pour faire un' carmagnole
Pour me garder de l'iau (BIS)
Et le p'tit bout d'la coue
Pour mettre à mon chapiau
Hioup hioup Jean de linière
Vous ne m'entendez guère
Hioup hioup Jean de linière
Vous ne m'entendez pas

Et le p'tit bout d'la coue
Pour mettre à mon chapiau (BIS)
Le gros os de la cuiesse
Pour faire un chalumiau
Hioup hioup Jean de linière
Vous ne m'entendez guère
Hioup hioup Jean de linière
Vous ne m'entendez pas

Le gros os de la cuiesse
Pour faire un chalumiau (BIS)
Pour faire danser nos filles
A ce printemps nouviau
Hioup hioup Jean de linière
Vous ne m'entendez guère
Hioup hioup Jean de linière
Vous ne m'entendez pas.

DEUXIÈME PARTIE

BALS CROISÉS

N° 1.

C'est la belle Françoise
　　Allons gué
C'est la belle Françoise
De Saint-Martin de Ré
　　Maluron luron
　　Luron luronette
De Saint-Martin de Ré
　　Maluron luré

Son amant va la voir
　　Allons gué
Son amant va le voir
Bien tard après souper
　　Maluron luron

Luron luronette
Bien tard après souper
Maluron luré

Il la trouva seulette
   Allons gué
Il la trouva seulette
Sur son lit à pleurer
   Maluron luron
   Luron luronette
Sur son lit à pleurer
   Maluron luré

Ah qu'avez vous la belle
   Allons gué
Ah qu'avez vous la belle
Qu'avez vous à pleurer
   Maluron luron
   Luron luronette
Qu'avez vous à pleurer
   Maluron luré

J'ai beau pleurer dit-elle
   Allons gué
J'ai beau pleurer dit-elle
On dit que vous partez
   Maluron luron
   Luron luronette
On dit que vous partez
   Maluron luré

Ceux qu'ont dit ça la belle
   Allons gué

Ceux qu'ont dit ça la belle
Ont dit la vérité
   Maluron luron
   Luron luronette
Ont dit la vérité
   Maluron luré

Pliez moi mes cravates
    Allons gué
Pliez moi mes cravates
Et mes blanches mouchcoués
   Maluron luron
   Luron luronette
Et mes blanches mouchcoués
   Maluron luré

Et venez m'y conduire
    Allons gué
Et venez m'y conduire
Jusqu'au bord du rocher
   Maluron luron
   Luron luronette
Jusqu'au bord du rocher
   Maluron luré

N° 1 bis.

Il était une fille
De Saint-Martin de Ré (bis)
Son amant va la voir
Bien tard après souper
Bise don madondaine
Bise don madondé

Son amant va la voir
Bien tard après souper (BIS)
Il la trouva seulette
Sur son lit qui pleurer
Bise don madondaine
Bise don madondé

Il la trouva seulette
Sur son lit qui pleurer (BIS)
Ah qu'avez vous la belle
Qu'avez vous à pleurer
Bise don madondaine
Bise don madondé

Ah qu'avez vous la belle
Qu'avez vous à pleurer (BIS)
J'ai beau pleurer dit-elle
On dit que vous partez
Bise don madondaine
Bise don madondé

J'ai beau pleurer dit-elle
On dit que vous partez (BIS)
Ceux qu'ont dit ça la belle
Ont dit la vérité
Bise don madondaine
Bise don madondé

Ceux qu'ont dit ça la belle
Ont dit la vérité (BIS)
Pliez-moi mes cravates
Et mes blancs moucheoués

Bise don madondaine
Bise don madondé

Pliez-moi mes cravates
Et mes blancs mouchcoués (BIS)
Et venez m'y conduire
Jusqu'au bord du rocher
Bise don madondaine
Bise don madondé

N° 2

C'était la fille d'un laboureux
   Gué gué
C'était la fille d'un laboureux
On dit qu'all' a tant d'amoureux
   Gué gué
On dit qu'all' a tant d'amoureux
Qu'all' ne sait lequel prendre
   Hi a
Qu'all' ne sait lequel prendre
   Hi o

J'irons la va dimanche au sa
   Gué gué
J'irons la va dimanche au sa
Ma et mon camarade
   Hi a
Ma et mon camarade
   Hi o

Li raccrochit son biau fichu na
   Gué gué
Li raccrochit son biau fichu na

Qu'était de tale line
Hi a
Qu'était de tale line
Hi o

Galant rends ma mon biau fichu na
Gué gué
Galant rends ma mon biau fichu na
Car il est à ma mére
Hi a
Car il est à ma mére
Hi o

N° 3

Mon père a fait bâtir maison
Tire va donc sur les avirons
Par quatre-vingts jolis maçons
Tire tire
Marinier tire
Tire va donc
Sur les avirons

Par quatre-vingts jolis maçons
Tire va donc sur les avirons
Le plus jeune de ces maçons
Tire tire
Marinier tire
Tire va donc
Sur les avirons

Le plus jeune de ces maçons
Tire va donc sur les avirons
Demande pour qui la maison

> Tire tire
> Marinier tire
> Tire va donc
> Sur les avirons

Demande pour qui la maison
Tire va donc sur les avirons
C'est pour ma fille Jeanneton
> Tire tire
> Marinier tire
> Tire va donc
> Sur les avirons

C'est pour ma fille Jeanneton
Tire va donc sur les avirons
Ma fille promettez-moi donc
> Tire tire
> Marinier tire
> Tire va donc
> Sur les avirons

Ma fille promettez-moi donc
Tire va donc sur les avirons
Que jamais vous n'aim'rez garçon
> Tire tire
> Marinier tire
> Tire va donc
> Sur les avirons

Que jamais vous n'aim'rez garçon
Tire va donc sur les avirons
J'aimerais mieux que la maison
> Tire tire

Marinier tire
Tire va donc
Sur tes avirons

J'aimerais mieux que la maison
Tire va donc sur tes avirons
Tomb'rait en cendre et en charbon
Tire tire
Marinier tire
Tire va donc
Sur tes avirons

Tomb'rait en cendre et en charbon
Tire va donc sur tes avirons
Dans la mer avec les poissons
Tire tire
Marinier tire
Tire va donc
Sur tes avirons

N° 4

C' sont c' sont c' sont
Les gas de Locminé
Qu'ont de la mayette
Dessus et dessous
Gué
C' sont c' sont c' sont
Les gas de Locminé
Qu'ont de la mayette
Dessous leus souliers

Mon père et ma mère de Lyon ils sont (BIS)
Ils sont en promesse s'ils me marieront

    Gué
   C' sont c' sont c' sont
   Les gas de Locminé
   Qu'ont de la mayette
   Dessous leus souliers

Ils sont en promesse s'ils me marieront (BIS)
Mais s'ils me marient ils s'en repentiront
    Gué
   C' sont c' sont c' sont
   Les gas de Locminé
   Qu'ont de la mayette
   Dessous leus souliers

Mais s'ils me marient ils s'en repentiront (BIS)
Je vendrai mes terres sillons à sillons
    Gué
   C' sont c' sont c' sont
   Les gas de Locminé
   Qu'ont de la mayette
   Dessous leus souliers

Je vendrai mes terres sillons à sillons (BIS)
Sur le dernier sillon je f'rai bâtir maison
    Gué
   C' sont c' sont c' sont
   Les gas de Locminé
   Qu'ont de la mayette
   Dessous leus souliers

Sur le dernier sillon je f'rai bâtir maison (BIS)
Si le roi y passe nous le logerons
    Gué

C' sont c' sont c' sont
Les gas de Locminé
Qu'ont de la mayette
Dessous leus souliers

Si le roi y passe nous lo logerons (BIS)
S'il demande fille nous la lui baillerons
Gué
C' sont c' sont c' sont
Les gas de Locminé
Qu'ont de la mayette
Dessous leus souliers

S'il demande fille nous la lui baillerons (BIS)
Belle comme un jour et droite comme un jonc
Gué
C' sont c' sont c' sont
Les gas de Locminé
Qu'ont de la mayette
Dessous leus souliers

TROISIÈME PARTIE

A BORD

LES FILLES DE LA ROCHELLE

N° 1.

Ce sont les filles de la Rochelle
Qu'ont fait faire un armement
All's ont fait bâtir corsaire
Pour aller dans le levant
    J'ai mal aux dents
Ah que l'amour me domine
    Y a longtemps

All's sont fait bâtir corsaire
Pour aller dans le levant

Le capitaine qui les commande
C'est le roi des bons enfants
    J'ai mal aux dents
Ah que l'amour me domine
    Y a longtemps.

Le capitaine qui les commande
C'est le roi des bons enfants
Et les gabiers d' la graud' hune
Sont des filles de vingt ans
    J'ai mal aux dents
Ah que l'amour me domine
    Y a longtemps

Et les gabiers d' la grand' hune
Sont des filles de vingt ans
Et les gabiers de misaine
Sont des filles de quinze ans
    J'ai mal aux dents
Ah que l'amour me domine
    Y a longtemps

Et les gabiers de misaine
Sont des filles de quinze ans
L'autre jour je m'y promène
Tout le long des passavents
    J'ai mal aux dents
Ah que l'amour me domine
    Y a longtemps

L'autre jour je m'y promène
Tout le long des passavents
J'ai rencontré Madeleine

Qui pleurait dans les port'haubans
J'ai mal aux dents
Ah que l'amour me domine
Y a longtemps

J'ai rencontré Madeleine
Qui pleurait dans les port'haubans
Je lui demandai la belle
Qu'avez vous à pleurer tant
J'ai mal aux dents
Ah que l'amour me domine
Y a longtemps

Je lui demandai la belle
Qu'avez vous à pleurer tant
Je pleure mon *innocence*
Qui s'en va z'au gré du vent
J'ai mal aux dents
Ah que l'amour me domine
Y a longtemps.

N° 2

LE RETOUR DU MARIN

Un jeune marin arrive de voyage et se rend chez sa fiancée; elle est absente; où est-elle ?

Sa mère lui répond à l'instant
Ma fille est au champ
Êtes-vous son amant ?

Sans lui tenir un plus long discours } (BIS)
S'en fut trouver son tendre amour
    Qui était sous l'ormeau
    Qui filait son fuseau
    En gardant son troupeau,
    Lui dit : bonjour mon cœur
    Reçois mes faveurs
    Je suis ton serviteur.

Monsieur, mon très fidèle amant } (BIS)
Il est parti zi y a longtemps
    Au service du roi
    Dans ses nobles emplois
    Ne pensant plus à moi,
    Mon cœur est tout à lui
    Monsieur je vous prie
    Retirez vous d'ici.

Quand je partis du pays } (BIS)
T'en souviens-tu ma bonne amie
    Tiens voilà z'un diamant
    Que j' te pris en partant
    Que t'en étais contente.
    Le bonheur aujourd'hui
    Me ramène ici
    Pour te tirer d'ennui.

Voyant ce beau diamant vraiment } (BIS)
Je te reconnais cher amant
    Tu étais en partant
    Comme un vrai paysan
    A présent changement

Te voilà z'équipé
Aussi bien retapé
Comme un vrai marinier.

ÉPILOGUE

La *Nouvelle* qu'on va lire a paru dans le *Savenaisien* le 5 Février 1865.

Nous prions le lecteur de nous pardonner si nous la reproduisons ici; la raison en est qu'elle sert de cadre à un *Noël* qui, au dire des connaisseurs, est un petit chef-d'œuvre de grâce naïve.

LA CHANDELEUR

Fête religieuse qui se célèbre le 2 février, en mémoire de la Présentation de Jésus-Christ au temple et de la Purification de la Vierge. Elle fut instituée à la fin du Ve siècle ou au commencement du VIe. Son nom vient des chandelles ou des cierges qu'on y brûle comme symbole de la lumière que le Christ allait répandre sur les gentils. — Telle est la définition donnée par Bouillet.

Au moyen-âge, et jusqu'au commencement de ce siècle, dans certaines contrées de la France et notamment dans notre Bretagne, cette solennité donnait lieu à quelques cérémonies religieuses et à des réunions de famille où dominait le sentiment patriarchal, malheusement ces fleurs de la poésie mises en action ont disparu ou tendent à s'effacer complètement, sauf peut-être, et c'est là un signe du temps comme on dit aujourd'hui, le repas des crêpes. En un mot, le temps, *grand semeur de la ronce et du lierre* (on pourrait ajouter : grand faucheur des pensées naïves), a détruit ces emblèmes de la foi.

Une anecdote qui prendrait facilement le caractère légendaire, traverse en ce moment mon souvenir, et je demande au lecteur bienveillant la permission de la consigner ici.

Une jeune fille que nous nommerons Marie, vivait à Savenay vers 1762, elle avait un grand respect pour toutes les croyances de nos pères, et ne manquait jamais aux abords de la Chandeleur, de faire sa neuvaine avec accompagnement des autres prières usitées. Elle veillait jusqu'à l'heure de minuit, et se rendait ensuite dans un lieu écarté de la ville et que nous connaissons aujourd'hui sous le nom de : VALLÉE DES SOUPIRS. Elle prenait place sur le talus qui domine l'entrée de cette charmante vallée, en dirigeant son regard vers l'orient ; puis elle chantait d'une voix mélodieuse et naïve tout à la fois, ce vieux noël que ma mère m'a dit souvent dans mon enfance et que j'ai retenu tout entier. Je vous le donne comme un des plus charmants joyaux enfantés par les Bardes de l'Armorique.

> Quand la Vierg' vint à la messe
> Le jour de la Chandeloux,
> All' print sa piou belle robe
> Qu'était de cinq cents couloux.
> Noël, noë *(prononcez noux)*, noë, noë, noël, noël, noë !

> All' print sa piou belle robe
> Qu'était de cinq cents couloux,
> La ceinture d'or qui la serre
> Faisait bien dix mille tours.
> Noël, noë, noë, noë, noël, noël, noë !

La ceinture d'or qui la serre
Faisait bien dix mille tours,
All' s'en va chez sa voisine
Voulous venir quant et nous.
Noël, noë, noë, noë, noël, noël, noë !

All' s'en va chez sa voisine
Voulous venir quant et nous,
Les chemins par où qu'all' pass'nt
Les bussons fleurissaient tous.
Noël, noë, noë, noë, noël, noël, noë !

Les chemins par où qu'all' pass'nt
Les bussons fleurissaient tous,
Quand all' fur'nt dans l'cimetière
Les kioches sonnaint tertous.
Noël, noë, noë, noë, noël, noël, noë !

Quand all' fur'nt dans l'cimetière
Les kioches sonnaint tertous.
Quand all' fur'nt dedans l'éguièse,
L'éguièse reluisait tout.
Noël, noë, noë, noë, noël, noël, noë !

Quand all' fur'nt dedans l'éguièse,
L'éguièse reluisait tout,
Lo prèt' qui disait la messo
En a ombelié les mous.
Noël, noë, noë, noë, noël, noël, noë !

Le prèt' qui disait la messe,

En a ombelié les mous.
Qui qu'y a dans cette éguièse
Qui me fait ombelier tout.
Noël, noë, noë, noë, noël, noël, noë!

Qui qu'y a dans cette éguièse,
Qui me fait ombelier tout.
C'est Madeleine et Marie
La mèr' de notre Seignoux.
Noël, noë, noë, noë, noël, noël, noë!

C'est Madeleine et Marie
La mèr' de notre Seignoux,
Qu'all' nous mèn'nt en Paradis,
Et nous conduisent tertous.
Noël, noë, noë, noë, noël, noël, noë!

Rien ne peut rendre la douceur empreinte de grâce naïve de cette mélodie exécutée par une voix jeune et fraîche. Je ne vous ai pas fait le portrait de Marie, on ne fait pas de portrait avec des mots.

La veille de la Chandeleur de cette même année 1762, la jeune fille dont nous nous occupons ici, et dont la famille existe encore, venait à peine de terminer son chant, qu'il lui sembla voir à ses pieds, mais à une distance respectueuse, un jeune homme priant comme elle et répétant les mots :

Qu'all' nous mèn'nt en paradis.

Croyante, comme une vrai bretonne qu'elle était, elle vit ou crut voir sa prière exaucée. Ces chastes prières adressées à la reine du ciel n'avaient-elles pas un but, une fin chrétienne ? celle qu'elle avait implorée ne pouvait-elle protéger un penchant vertueux ? n'était-ce pas la une de ces missions dans le ciel ? Et ce mythe merveilleux, caché sous cette croyance, ne pouvait-il devenir une réalité ?

Toutes ces pensées lui arrivèrent successivement et se pressant en ordre dans son cerveau, elle allait parler lorsque le jeune homme (on ne dit pas s'il était beau, mais il devait l'être), se relevant tout à coup lui montra de la main droite le chemin qui conduit à Savenay et disparut à ses yeux.

Depuis ce jour Marie ne manquait pas de venir souvent dans la vallée dont elle avait fait sa promenade favorite, pensant et *soupirant*, après son fiancé du ciel, et persuadée que l'année ne s'écoulerait pas sans qu'elle le vit réellement.

Nous n'avons pas l'intention, lecteur bénévole, de faire ici une légende merveilleuse, nous racontons simplement et le plus sobrement possible une chose vraie.

Au mois de juillet suivant, les parents de Marie lui apprirent qu'elle était recherchée par un jeune homme de Lannion. Sa famille paternelle avait fait souche dans cette ville. Elle n'en fut donc pas surprise, mais elle déclara qu'elle n'accepterait pour compagnon de sa vie que celui de la Chandeleur.

Après quelques préliminaires, elle consentit à recevoir le jeune homme qui arriva à Savenay, où il n'avait jamais mis les pieds, vers la fin de ce mois de juillet au soir. La jeune fille était absente de la maison, mais il n'était pas difficile de la joindre. Le père conduisit le jeune homme, et à l'entrée de la chère vallée ils s'arrêtèrent, levèrent les yeux et virent

Marie debout dans une attitude extatique, les regards dirigés vers le ciel. Elle resta longtemps ainsi exposée aux yeux ravis de son fiancé ; puis, par un mouvement plein de grâce, que révélait la présence d'un pieux souvenir, elle murmura ces mots :

Qu'all' nous mèn'nt en paradis.

Mériadec, c'était le nom du jeune fiancé, répéta à son tour, entraîné par le charme de cette situation :

Qu'all' nous mèn'nt en paradis.

Marie cette fois tressaillit, baissa instinctivement les yeux vers la terre et les croisa avec les yeux de Mériadec. Elle avait reconnu dans le jeune homme son fiancé de la Chandeleur.

La suite se devine.

Depuis cette époque notre vallée eût un nom qu'elle a conservé.

C. P.

Savenay, le 2 Février 1865.

TOUS DROITS RÉSERVÉS

TABLE

PREMIÈRE PARTIE

RONDES

N°		Pages.
1.	Digue don don don c'sont les gas de Guérande	5
2.	Si j'avais l'une arbalette.	6
3.	Passant par Paris.	7
4.	Oh ! dis mon Pierre veux-tu t'y rendre	9
5.	En m'en revenant la p'tit la p'tit doux	10
6.	Trois garçons de mon village	11
7.	Mon père m'a mariée	12
8.	Nous étions trois mat'lots de Groix	13
9.	Va mon ami va la lune se lève	15
10.	A la claire fontaine	16
11.	Mon père a trois moulins moulins	18
12.	En m'en revenant du Mans	20
13.	Mon père a fait bâtir maison	22
14.	L'autre jour me print envie	24
15.	Ce sont les filles de St-Etienne	26
16.	Il nous est arrivé é un moine	27
17	C'était compère lapon	28
18.	Chez mon père j'étions trois filles	29
19.	J'ons vu la leune morte mon gas	30
20.	Ce sont les filles de la Chapelle	31
21.	Beau rossignolet du bois	33
22.	Le roi d'Espagne a l'ordonné	34

Nos		Pages
23.	Je l'ai vu voler le ruban le ruban............	36
24.	Quand j'étais chez mon père..............	38

DEUXIÈME PARTIE

BALS CROISÉS

1.	C'est la belle Françoise, allons gué........	40
2.	C'était la fille d'un labouroux.............	44
3.	Mon père a fait bâtir maison..............	45
4.	C' sont c' sont c' sont les gas de Locminé....	47

TROISIÈME PARTIE

A BORD

1.	Les Filles de la Rochelle................	50
2.	Le retour du marin....................	52

ÉPILOGUE

La Chandeleur............................... 56

Savenay. — Imp J.-J. Allair.

www.ingramcontent.com/pod-product-compliance
Lightning Source LLC
LaVergne TN
LVHW051456090426
835512LV00010B/2171